Julia Mercedes Nieto Deaza

Naturaleza de la Corte Constitucional Colombiana

Julia Mercedes Nieto Deaza

Naturaleza de la Corte Constitucional Colombiana

Los Tribunales Constitucionales como un desafío moderno al estudio exegético del derecho.

Dictus Publishing

Impressum / Aviso legal
Bibliografische Information der Deutschen Nationalbibliothek: Die Deutsche Nationalbibliothek verzeichnet diese Publikation in der Deutschen Nationalbibliografie; detaillierte bibliografische Daten sind im Internet über http://dnb.d-nb.de abrufbar.

Información bibliográfica de la Deutsche Nationalbibliothek: La Deutsche Nationalbibliothek clasifica esta publicación en la Deutsche Nationalbibliografie; los datos bibliográficos detallados están disponibles en internet en http://dnb.d-nb.de.

Coverbild / Imagen de portada: www.ingimage.com

Verlag / Editorial:
Dictus Publishing
ist ein Imprint der / es una marca de
OmniScriptum GmbH & Co. KG
Heinrich-Böcking-Str. 6-8, 66121 Saarbrücken, Deutschland / Alemania
Email / Correo Electrónico: info@dictus-publishing.eu

Herstellung: siehe letzte Seite /
Publicado en: consulte la última página
ISBN: 978-3-8473-8750-3

NATURALEZA DE LA CORTE CONSTITUCIONAL COLOMBIANA

JULIA MERCEDES NIETO DEAZA

NATURALEZA DE LA CORTE CONSTITUCIONAL COLOMBIANA

JULIA MERCEDES NIETO DEAZA

Asesor:
JOSÉ GERARDO REY
Docente Académico.

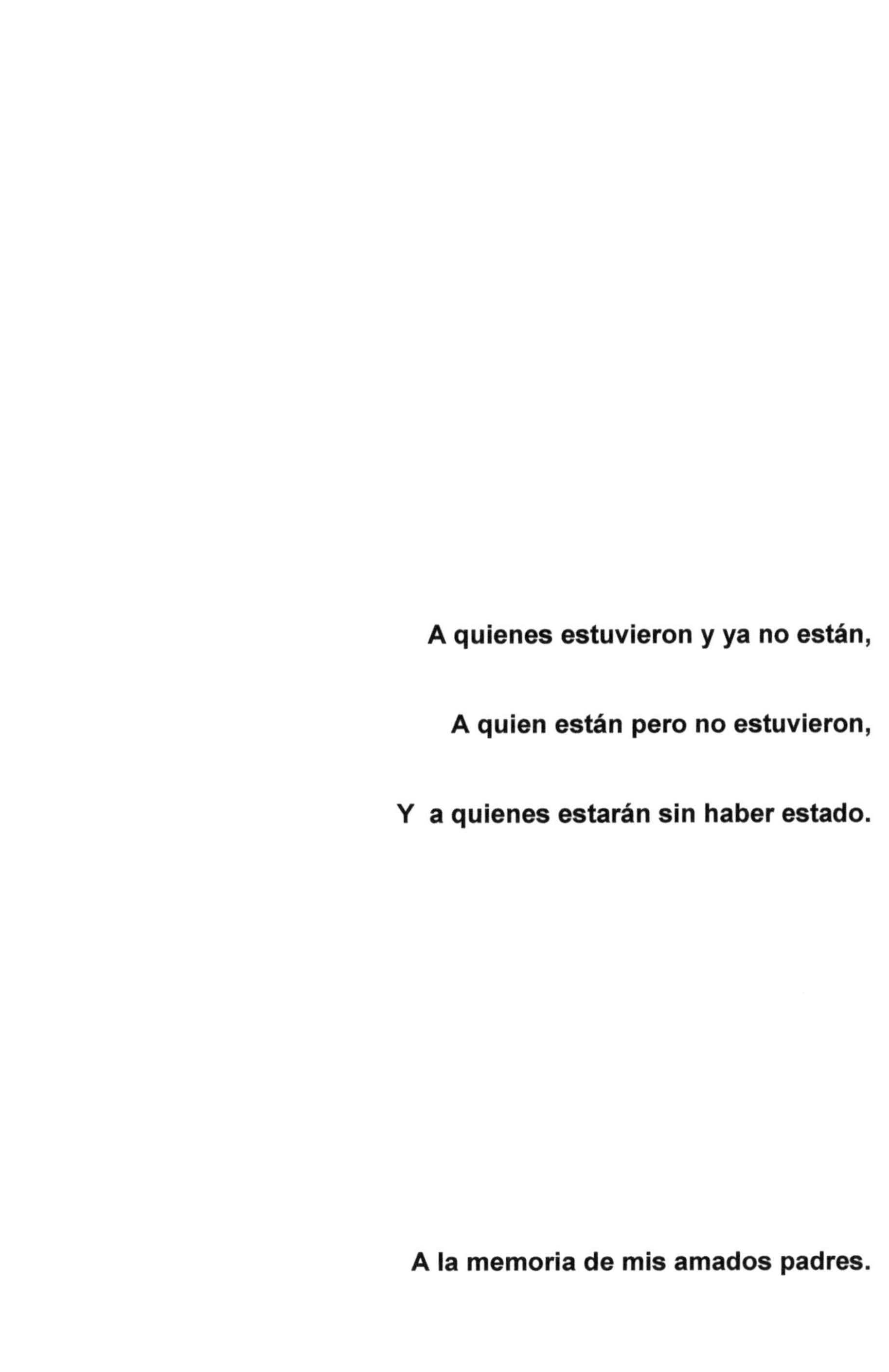

A quienes estuvieron y ya no están,

A quien están pero no estuvieron,

Y a quienes estarán sin haber estado.

A la memoria de mis amados padres.

AGRADECIMIENTOS

Tal vez esta sea la última oportunidad para expresar mi gratitud a cada uno de los participantes en este proceso de formación académica y considero meritorio darles mis más profundos agradecimientos, especialmente al director de este trabajo de grado al Dr. José Gerardo Rey quien con paciencia y disponibilidad me colaboró en cada una de mis inquietudes, adeudándole toda mi gratitud.

A la Dra. Paula Arévalo, quien al inicio de este proyecto me oriento con dedicación y esmero, al Dr. Guillermo Gómez quien con sus oportunas críticas permitió expandir los horizontes de este proyecto y al Dr. Marco Augusto Alba quien incondicionalmente me presto sus servicios.

Igualmente al muy recordado Dr. Julio Roballo quien con su ejemplo sembró admiración y respeto hacia esta profesión. Al igual ausente Dr. Ricardo Sanín a quien nunca olvidare por sus lúcidas ideas y mente incansable.

No me es permitido olvidarme del gestor y fundador de esta facultad, el Dr. Jaime Betancurt quien con su ejemplo orienta y fomenta la formación profesional en decenas de jóvenes, al igual que el profesor Eduardo Gómez quien de manera afectuosa ha observado mi formación profesional y es un gran confidente.

INDICE

INTRODUCCION

Este trabajo es de carácter descriptivo. En el ultimo capitulo de esta monografía se procede a estudiar el precedente constitucional por medio de una línea jurisprudencial.

El objetivo general de este trabajo es determinar la naturaleza de la Corte Constitucional, como institución estatal, que al interior de la organización jurídica y política colombiana, ha generado múltiples reacciones, desde el momento de su creación a la fecha pues ha promovido de manera vanguardista un nuevo modelo de justicia constitucional innovador en comparación con la justicia constitucional anterior a la Constitución de 1991.

Como ciudadana colombiana y estudiante de derecho la inquietud de determinar la naturaleza de la Corte Constitucional, surge al observar los continuos enfrentamientos de esta con las demás ramas del poder público y las otras cortes, la voluminosa creación jurisprudencial y su eminente participación política en los temas más álgidos de los últimos años.

Sería ostentoso considerar que este trabajo es un gran avance en el estudio de la justicia constitucional. Es un buen punto de partida para investigar sobre la naturaleza de la Corte Constitucional y permite saber en que estado se encuentra el análisis de esta materia.

En el primer capitulo se abordan los debates de la Asamblea Nacional Constituyente de 1991. En estas memorias se encuentran las razones e intenciones de los constituyentes para crear una Corte Constitucional de acuerdo con su noción acerca de la naturaleza de la misma, por eso esas deliberaciones representan el punto de inicio de esta monografía.

El segundo capitulo se tuvo en consideración el análisis doctrinal de lo tratadistas colombianos, quienes en sus estudios traen doctrina extranjera y lo adecuan al caso colombiano.

En el ultimo capitulo se procede a realizar un estudio del precedente de acuerdo a la Competencia de la Corte Constitucional y de esta manera observar como ella misma concibe su naturaleza.

RESUMEN

Por medio del estudio de las memorias de la Asamblea Nacional Constituyente, el análisis de los teóricos del derecho colombiano y el proceder de la Corte Constitucional a través del precedente se busca determinar la naturaleza de esta corporación.

Palabras claves:

- Control de Constitucionalidad.
- Método Jurídico.
- Instrumentalidad.
- Veedor de la democracia.
- Precedente.

1. LA NATURALEZA DE LA CORTE CONSTITUCIONAL DE ACUERDO A LOS DEBATES DE LA ASAMBLEA NACIONAL CONSTITUYENTE.

Este se abordaran las discusiones de la Asamblea Nacional Constituyente en torno a la naturaleza de la Corte Constitucional.

El nacimiento de la Corte Constitucional colombiana tuvo asidero en diferentes voces y ocasiones, pero sólo hasta la Constituyente de 1991 se logró perfeccionar esa idea y darle vida a través de la Constitución del mismo año.

Es por ello pertinente recoger y analizar los debates de la Asamblea Nacional Constituyente, por cuanto son estos documentos los encargados de hacer memoria de los objetivos e ideas de los constituyentes acerca de la naturaleza de la Corte Constitucional, por ser la Constituyente el vehículo de entrada de esta institución al ordenamiento jurídico nacional.

Para comenzar a recrear los hechos, se ha de rescatar la propuesta política de crear un órgano que ejerciera el Control de Constitucionalidad a parte del órgano judicial de Casación, idea que se gestó en los debates y proyectos de la Comisión Cuarta de la Asamblea Nacional Constituyente; la ponencia sobre este órgano lo hizo la constituyente María Teresa Garcés Lloreda, quien realiza su presentación a la Asamblea Nacional Constituyente, aun cuando al interior de la comisión existían hondas diferencias, no obstante las dificultades, la ANC aprobó favorablemente la creación de la Corte Constitucional.

Resulta interesante para este momento recordar la reflexión que hiciera Diego Uribe Vargas, veinte años atrás de aprobar el establecimiento y naturaleza del órgano constitucional, fue él uno de los más importantes promotores del establecimiento de una Justicia Constitucional por medio de una Corte Constitucional, quien refiriéndose a este decía: "El proceso político del país, permite distinguir períodos en los cuales las instituciones sufren modificaciones sustantivas, de aquellos otros en que el preciosísimo reglamentario, reemplaza la audacia de los grandes cambios"[1]

Ante la posibilidad de instaurar en el panorama institucional colombiano un órgano encargado de la guarda e integridad de la nueva Constitución y durante el debate respecto de esta nueva institución, uno de los temas más álgidos y discutidos correspondió a la inquietud del constituyente sobre la naturaleza de la Corte Constitucional.

Al respecto hubo diversas posiciones, de las cuales podemos distinguir dos: La primera, en defensa de una Naturaleza Puramente Jurisdiccional o Judicial y La segunda, en defensa de la Naturaleza Jurídico - Política de la Corte Constitucional.

Las posiciones en cuestión se erigieron a partir de tres temas de discusión y enconado debate a saber: i) Sobre la necesidad o no de crear una Corte Constitucional, ii) sobre su forma de elección y iii) Acerca de sus funciones

1.1 PRIMERA POSICIÓN: NATURALEZA PURAMENTE JURISDICCIONAL O JUDICIAL DE LA CORTE CONSTITUCIONAL.

[1] URIBE RUEDA, Diego. Propuesta de Reformas a la Constitución Colombiana. Estructura Constitucional para el Cambio. Publicaciones Senado de la República. Segunda Edición . Bogotá 1981. Pág.9

Esta postura en defensa de un control exclusivamente judicial, se presenta por la importancia imperativa de la separación de los poderes públicos y de sus funciones, unido al temor de una posible influencia partidista en el ejercicio del control de constitucionalidad.

A lo anterior se suma la tradición jurídica del país, la creación de un órgano jurisdiccional, que obedezca a métodos de interpretación jurídica, colegiado y parte de la rama jurisdiccional, para que ejerza dicho control, hecho que los constituyentes consideran fundamental dada la mayor especificidad que adquiere el derecho público.

En cuanto al Método Jurídico, se planteaba semejante al que practican los demás jueces que consiste en el juzgamiento de normas bajo parámetros constitucionales y legales, es decir, decidir en derecho y el juez constitucional, debe someterse a ello en el ejercicio de su función. Así las cosas una de las principales características de la jurisdicción consiste no sólo en la aplicación de la norma sino en la protección del orden jurídico.

La Creación de un órgano defensor de la supremacía constitucional suscitó gran confusión respecto a su relación con los demás órganos de poder, en especial lo referente a su elección, puesto que sí los actos objetos a su control y la conformación de la Corte tienen un origen político, se desvirtuaría uno de los principios de la actividad jurisdiccional, como lo es, la autonomía judicial, así lo manifestó el constituyente José María Velasco: "...hay también el argumento político..." que se expresa así: " tanto los decretos con fuerza de ley como las leyes tienen un origen político, los unos en el gobierno, dentro de sus facultades extraordinarias y los otros en el Congreso; el control debería ser judicial precisamente porque el control jurisdiccional de constitucionalidad se explica exclusivamente por el derecho que tiene el pueblo a su Constitución,..."[2].

Quienes defienden aquí la naturaleza jurisdiccional de la Corte Constitucional, parten del fundamento jurídico, que en cuanto al ejercicio del control de constitucionalidad desplegado por la Corte Constitucional, este se efectuaría bajo las técnicas judiciales y obedeciendo a los principios procesales que gobiernan la actividad judicial. Bajo la anterior premisa se desvirtúa entonces el temor del constituyente Velasco y se observa en ella una garantía democrática que impide un conflicto de competencias.

En concordancia con el argumento del constituyente Velasco, el Dr. Juan Carlos Esguerra manifiesta que: "... ese control de tipo jurisdiccional debe ejercerse autónomo e independiente que no tenga nexo alguno directo con las otras ramas del poder a las que debe controlar, porque en la medida en que el cuerpo encargado del control constitucional dependa o esté atado de alguna forma al Congreso o al Presidente de la República, naturalmente habrá comenzado a perder buena parte de su importancia,..."[3] Al respecto de esta ponencia los constituyentes reconocieron en la independencia y autonomía del control de constitucionalidad otra garantía del Estado de Derecho, que a su vez cumple con uno de los postulados de la actividad judicial en el mundo.

Uno de los temores del constituyente Velasco fue la posible elección de la Corte por el Congreso, por cuanto en dicho evento sometería la juridicidad a criterios políticos, entonces se violaría la independencia que caracteriza al poder jurisdiccional en su forma de elección y el control constitucional

---

[2] VELASCO, José María. Ponencia en la Asamblea Nacional Constituyente de 1991. Sesión Plenaria, Bogotá D.C., 4 de Junio de 1991.

[3] ESGUERRA, Juan Carlos. Ponencia en la Asamblea Nacional Constituyente de 1991. Sesión Plenaria, Bogotá D.C., 4 de Junio de 1991.

ejercido por el juez sería político y no judicial llegando a poner en entredicho su independencia y objetividad.

De esta manera el cenáculo constituyente dirige su discusión sobre la naturaleza de la Corte Constitucional, de acuerdo a su elección, pues ello, genera tribulación dentro de la Asamblea Nacional Constituyente, como lo manifiesta el constituyente Jaime Fajardo "...es justa la preocupación de que por esta vía se abra una mayor vena, para una mayor intromisión del ejecutivo en la Rama Jurisdiccional,...".

En esa misma línea argumentativa, el constituyente Rodrigo Lloreda, arguye que si la Corte Suprema de Justicia ha caído en fallos políticos sin tener una "...elección por el Senado de la República" por qué no pensar que la Corte Constitucional va a caer en la misma tentación? "si es que alguna vez la tuvo la Corte Suprema.", para el constituyente Lloreda la mayor garantía de la democracia esta en la independencia de la Rama Judicial.

Se puede concluir que la primera posición acerca de la naturaleza puramente judicial de la Corte, busca la defensa de un control de constitucionalidad judicial, pero determina su naturaleza de acuerdo al órgano nominador y elector de los miembros del cuerpo encargado del control de constitucionalidad, no obstante, se puede establecer que los constituyentes defienden una elección ajena al Congreso y al Ejecutivo, pero no hacen claridad temática ni ideológica acerca de la Naturaleza de la Corte Constitucional.

1.2 LA SEGUNDA POSICIÓN NATURALEZA JURÍDICO-POLÍTICA (MIXTA).

Nos encontramos, con una tendencia híbrida que concibe una naturaleza jurídico-política de la Corte Constitucional, posición desentrañada a través de una de las ponencias iniciales, que considera la necesidad de un control de constitucionalidad simplemente judicial, observando el contenido y forma del juicio de constitucionalidad.

De acuerdo a la presentación hecha por la ponente de la Comisión Cuarta la Dra. María Teresa Garcés Lloreda "...el juzgamiento de las normas para determinar la posible violación de la Carta, hecho de un alto contenido político aún cuando, su función es estrictamente jurisdiccional, por lo cual, en consecuencia, no deberá tener en cuenta consideraciones de orden partidista ni tener influencia de intereses de esta naturaleza,..."[4].

De la anterior afirmación se desprenden dos ideas: la primera, asevera que en el juicio de constitucionalidad existen un contenido político, y la segunda idea, sostiene que su función es estrictamente judiciall. La ponente Garcés Lloreda aclara que a pesar de que la Corte Constitucional tenga un origen político sus fallos son jurídicos porque tratan de establecer el alcance de las normas constitucionales.

Aunándose a la ponencia de la constituyente Garcés Lloreda se encuentra una de las exposiciones más lúcidas y mejor sustentadas, la del

[4] GARCÉS LLOREDA María Teresa. Ponencia en la Asamblea Nacional Constituyente de 1991. Sesión Plenaria, Bogotá D.C., 4 de Junio de 1991.

constituyente Jaime Castro. Este asambleísta empieza reconociendo la tradición constitucional colombiana y se reconoce como partidario de lo que Capeletti llama "la jurisdicción constitucional de la libertad"; lo que significa que la Corte Constitucional debe tener en cuenta una voluntad política[5], como una de las directrices de su función.

Dentro de los puntos argüidos por el constituyente Jaime Castro, se encuentran:

Primero: El referido a la naturaleza de la función de la jurisdicción constitucional, para este constituyente, "...es claro que se trata de una función técnico-judicial en esencia y en su naturaleza que confronta de entrada, dos textos jurídicos sobre la base de consideraciones en derecho,..[6]".

Segundo: ante esta confrontación existe la Acción Pública de Inconstitucionalidad, una figura que enriquece el control y le da un contenido democrático, por tanto político.

Tercero: el control de constitucionalidad se semeja, en parte a todo procedimiento judicial "...pero en el caso del control de constitucionalidad, hay una característica fundamental que lo hace bien particular, específico y es que se refiere, siempre a temas de carácter político, tiene unas consecuencias inmediatas y evidentes en el mundo político,"[7].

Es importante resaltar la postura del constituyente Castro y de quienes fueron partidarios de la Corte Constitucional, cuando hablaban de la

---

[5] CASTRO, Jaime Ponencia en la Asamblea Nacional Constituyente de 1991. Sesión Plenaria, Bogotá D.C., 4 de Junio de 1991.
[6] Ibíd., Sesión Plenaria de 4 de Junio de 1991.
[7] Ibíd., Sesión Plenaria de 4 de Junio de 1991.

naturaleza política del órgano, ellos trataban la política, como una influencia intrínseca en dicho cuerpo, ajena al sentido partidista y grupista distante del sentido peyorativo que los opositores de esta institución habían tenido. En esta línea el constituyente Castro, avala la función constitucional en los siguientes términos, "...esa función augusta e impoluta como una función política y quieren introducirle el virus de la política y el morbo de la política cuando así es por su naturaleza, por su esencia y por sus alcances. ..."[8].

De las consideraciones hechas por el constituyente Castro, se observa de manera simple que la Corte Constitucional se erige sobre la defensa y guarda de la Constitución Política, que es un texto político, "...la Constitución es un intento de reglamentar la vida política de un pueblo..."[9], este intento se va perfeccionando por medio de la jurisprudencia proferida por el interprete autorizado para ello, la Corte Constitucional. Por ello y de acuerdo al constituyente Jaime Castro, hace ejercicio del poder político y en las palabras del profesor Sáchica traídas por el constituyente Castro el "...Derecho Constitucional es un derecho político, politizado y politizante..."[10].

Para el constituyente Castro es claro y lógico que en los fallos estén presentes los valores políticos, sea un organismo formado por cooptación, elección popular o por cualquier otro mecanismo de selección. Se puede concluir de acuerdo al constituyente Castro que la Corte Constitucional tiene una naturaleza híbrida de acuerdo a su función y alcance de sus fallos, ello independiente de su elección y conformación.

Castro defiende no sólo la naturaleza política de la Corte Constitucional sino que ve como requisito de su función la relación con las demás ramas del poder, como factor constante y necesario en el desarrollo de su poder.

---

[8] Ibíd., Sesión Plenaria de 4 de Junio de 1991.
[9] Ibíd., Sesión Plenaria de 4 de Junio de 1991.
[10] Ibíd., Sesión Plenaria de 4 de Junio de 1991.

Las anteriores ponencias concordaban con la posición del gobierno de la época y la propuesta surgía de manera traslúcida de las pretensiones de los ponentes y del gobierno quienes observaban en la Corte Constitucional un órgano capaz no sólo de reforzar el Control de Constitucionalidad sino de enriquecer la justicia constitucional gracias a un mayor compromiso con el contexto social, cercano a las angustias y necesidades de los colombianos.

En cuanto al origen de este cuerpo se expuso como una fórmula equilibrada y la propuesta del Ministro Humberto de la Calle Lombana "...ni en extremo gobierno de los jueces, ajenos a la realidad, impermeables a las modificaciones del sistema político del momento, ni tampoco una corte politizada;..."[11] , la propuesta del gobierno consistían en una elección por parte del Senado de la República de acuerdo a ternas enviadas por el Consejo de Estado, la Corte Suprema de Justicia y el Presidente de la República, configurándose un órgano con dos tercios de origen constitucional y uno de origen político, dicho equilibrio despojaría al órgano constitucional del "morbo político"[12].

El reconocimiento de la política como influencia dinámica de la vida social se va depurando en el discurrir de la Asamblea Nacional Constituyente y de acuerdo a la presentación del control de constitucionalidad como un problema vital, Castro reitera "...sencillamente un problema de los ciudadanos, es la concepción griega de la política"[13], Humberto de la Calle Lombana expresa entonces que la voluntad del pueblo debe reflejarse especialmente en las decisiones judiciales sobre el control de constitucionalidad y por eso "...el control de constitucionalidad no puede

[11] DE LA CALLE LOMBANA, Humberto. Ponencia del Ministro de Gobierno Asamblea Nacional Constituyente. Sesión Plenaria, Bogota 4 de Junio de 1991.
[12] Ibíd., Sesión Plenaria de 4 de Junio de 1991.
[13] Ibíd., Sesión Plenaria de 4 de Junio de 1991.

continuar en cabeza de una Corte que iba a ser integrada de acuerdo al procedimiento que se estaba adoptando, porque más temprano que tarde unas decisiones eminentemente políticas van a ser adoptadas por un organismo que de manera alguna refleja la voluntad política de la nación,…"[14], la participación del pueblo en el control de constitucionalidad no sólo se evidenciaba en la tradición nacional que llevo la creación de la Acción Pública de Inconstitucionalidad (API), que al ser una acción pública es un acción democrática y por ello altamente política.

Para el constituyente Carrillo es elevado el deber político del Juez Constitucional, fortaleciendo así la posición híbrida y en especial el carácter político de la Corte Constitucional, ello en razón de la defensa continua de la Constitución y en especial de los Derechos Fundamentales, en ella consagrados, ya que "… por la promoción, por la tutela de lo que se llamaba en ese ordenamiento constitucional los derechos imprescriptibles del ciudadano, garantías que le dan el mayor contenido político al ejercicio del control constitucional, porque es un escenario de poderes, donde se produce este tipo de control,…"[15], para este constituyente es un poder de esencia política, de ahí se desprende la naturaleza política de este órgano.

Cómo se puede dilucidar en el desarrollo del debate constitucional surgieron diversas posiciones respecto al control de constitucionalidad y el órgano que debía ejercerlo. En tal sentido, siguiendo el objetivo trazado, que consiste en determinar la naturaleza del la Corte Constitucional como órgano de control constitucional podemos deducir que él mismo tiene una función judicial semejante en ello a la de cualquier otro juez, pero que su función, su origen y su responsabilidad tiene un alto contenido político, por las siguientes razones:

---

[14] CASTRO, Jaime. Op. Cit.
[15] CARRILLO, Fernando Ponencia en la Asamblea Nacional Constituyente. Sesión Plenaria, Bogotá 4 de Junio de 1991.

1. A pesar de que su elección la realiza un órgano eminentemente político su función es judicial. El juez constitucional debe someterse a los principios de autonomía e independencia judicial, sin tener en cuenta el órgano nominador ni el órgano elector por ello su función es estrictamente jurisdiccional y no debe responder a intereses de orden partidista, por lo tanto es independiente y autónoma.

2. Como consecuencia de la anterior conclusión, la Corte Constitucional debe proceder de acuerdo a un método de interpretación judicial y obedecer a los principios judiciales y procesales.

3. Uno de los criterios rectores para su creación es la de proteger la Constitución y el orden jurídico, dentro de un Estado de Derecho.

4. En el ejercicio de su función debe hacer un juicio de valor que denote la violación o no de la Carta Política y que se adapte a la norma constitucional, lo cual tiene un alto contenido político no ajeno al silogismo jurídico propio de la actividad jurisdiccional. Su función es estrictamente jurisdiccional con una alta responsabilidad política.

5. Su elección se realiza por un cuerpo político postulado por el Presidente de la República, el Consejo de Estado y la Corte Suprema. Lo cual pretende de acuerdo a los asambleístas, una mayor responsabilidad social y política.

6. El Control de Constitucionalidad se concibe como un problema de todos los ciudadanos, con un mayor compromiso político, del juez hacia el ciudadano accionante, similar a la concepción griega de la política.

7. Una de las características del derecho constitucional colombiano, consecuencia de lo anterior, es la Acción Pública de Inconstitucionalidad, que hace de este mecanismo un control más participativo, pluralista y por lo tanto democrático y en consecuencia más político.

8. El Control de Constitucionalidad se refiere a temas políticos y tiene consecuencias políticas.

9. La promoción, defensa y tutela de los Derechos Fundamentales, le da un "mayor contenido político" al Control de Constitucionalidad.

10. El Derecho Constitucional se encuentra en una encrucijada entre el derecho y la política.

11. La Corte Constitucional se constituye en poder político, debido a su función democrática y en desarrollo de dicha función crea derecho como interprete y guarda de la integridad del texto constitucional, mantiene el orden jurídico y político. Jurídico en su función de intérprete autorizado de la Constitución y político como veedor de los procedimientos parlamentarios y gubernamentales. Unido a lo anterior, su integración, no binación y elección consulta a las tres ramas del poder público.

12. Su función es técnico-judicial sin desmedro de la defensa de la Constitución Política, que es un pacto político.

Se concluye entonces que la naturaleza de la Corte Constitucional, es híbrida, como se ha evidenciado pues desarrolla una labor técnico-judicial y por otra parte su función se erige sobre los valores políticos producto de acuerdos políticos.

2. NATURALEZA DE LA CORTE CONSTITUCIONAL COLOMBIANA DE ACUERDO A LA INTERPRETACIÓN DE LOS TRATADISTAS NACIONALES.

En el capítulo anterior pudimos observar el interés de crear un órgano capaz de defender e interpretar la Carta Política. Igualmente se pudo inferir la importancia del órgano de acuerdo a su naturaleza, la cual evidentemente no es de una naturaleza simple y pura; al contrario, los constituyentes observaron que ella era compuesta, atendiendo a su función se definía como jurídica y a su elección política, sin ir en desmedro que su función tiene rasgos políticos y consecuencias políticas.

Para este apartado tenemos como avance la postura de la Asamblea Nacional Constituyente sobre la Naturaleza de la Corte Constitucional y la forma en que se plasmó en la Constitución.

Este capítulo corresponde al desarrollo del segundo objetivo específico, dando a conocer la postura de los tratadistas nacionales acerca de la naturaleza de la Corte Constitucional.

Al abordar la naturaleza de la Corte Constitucional los doctrinantes nacionales lo hacen desde diversas perspectivas, teniendo en cuenta su función, su elección u origen, los antecedentes históricos y las consecuencias jurídico-sociales de las decisiones emanadas de ésta.

El desarrollo institucional de un Estado conlleva a la creación de nuevos órganos así como a la supresión de otros, La Corte Constitucional a pesar de ser el delegatario de una función tradicional del derecho constitucional colombiano, como lo es el Control de Constitucionalidad, es una institución novísima que se sigue perfilando dieciséis años después de su creación.

Precisamente el Control de Constitucionalidad es la función gestadora de los Tribunales Constitucionales como guardianes capaces de defender el Estado de Derecho o el Estado Social de Derecho, consagrado en textos jurídico-políticos como lo son las Constituciones. "En resumen, como lo dice Losing "la jurisdicción constitucional en Europa y lo mismo se puede decir de otras partes del mundo, "se evidencia como presupuesto irrenunciable de la conservación, operatividad, y desarrollo ulterior del Estado constitucional y democrático o, en otras palabras, como la culminación del Estado Social de Derecho"[16]"[17]

2.1 LA CORTE CONSTITUCIONAL COMO INTÉRPRETE JURISDICCIONAL DE LA CONSTITUCIÓN.

La defensa de ese Estado Social de Derecho, se realiza mediante la interpretación del mismo texto, en razón de acciones públicas, controles previos, automáticos de las leyes y la unificación de su propia jurisprudencia.

La función de la Corte Constitucional opera en concordancia con la institución que defiende; de esta manera para algunos tratadistas si la

[16] LOSING, Norberto. La Jurisdicción Constitucional en Latinoamérica, Madrid, 2002, pp.32 y 33. Obra citada por MONROY CABRA, Marco Gerardo. Necesidad e Importancia de los Tribunales Constitucionales en un Estado Social de Derecho. Foro I, Estado actual de la Justicia Colombiana, diagnóstico y soluciones. Bogotá. Universidad Externado de Colombia 2003. Pág.22

[17] Ibíd., Pág. 24

Constitución es un texto jurídico, su función es jurídica, "Si la Constitución es jurídica, como en efecto lo es, su interpretación por la Corte debe estar siempre limitada por aquella, lo recuerda el profesor Simon:

"Dado que la función de la jurisdicción constitucional reside en la interpretación vinculante de una Constitución dotada de fuerza normativa y de primacía y que su influencia reside en su competencia de interpretación, habrá de buscar los límites de su jurisprudencia precisamente en la Constitución."[18][19]

La calidad normativa de la Constitución se presenta como presupuesto de la función judicial, de suerte que la Corte Constitucional es quien debe decidir en derecho al aplicar una norma jurídica, la Constitución siendo ésta la causa por la que el Juez y en especial el Juez Constitucional no tiene un campo abierto de decisiones, su margen decisional esta cercado y limitado por la misma Constitución.

En el proceso de decisión judicial por parte de la Corte Constitucional se presentan al igual que en los demás procedimientos judiciales, ritualidades propias y métodos de interpretación, que justifican su naturaleza jurídica, es así que "...Para nosotros no cabe la menor duda de la naturaleza judicial de la justicia constitucional, no sólo colombiana, sino de todos los tribunales constitucionales, pues su función consiste en decir el derecho,..."[20].

Adicionalmente es necesario considerar que esta Corte al igual que los demás tribunales encargados de impartir justicia tiene características

[18] SIMÓN, Helmut: La Jurisdicción constitucional, dentro de la obra colectiva. BENDA, MAIHOFER y otros Manual de Derecho Constitucional,2ª Edición, Marcial Pons, Madrid 2001, Pág. 846, obra citada por VILA CASADO, Iván Los Límites de la Corte Constitucional. Hacia una Teoría de la Constitución como sistema de valores. Bogotá. Legis 2005. Pág. 57.
[19] VILA CASADO, Iván. Ob. Cit., p.57.
[20] CHARRY, Juan Manuel. Justicia Constitucional Derecho Colombiano y Comparado. Bogotá . Banco de la República, 1999, Pág.103.

congénitas que determinan su naturaleza, para que de manera sistémica interactúe con los demás órganos del Estado. A este respecto el maestro Monroy Cabra cita en su escrito al tratadista Pérez Royo, quien reconoce en los Tribunales Constitucionales las siguientes características:

> "1. Como un órgano único, en el que se concentra la interpretación definitivamente vinculante de la Constitución.
>
> 2. Como un órgano jurisdiccional, aunque no integrado en el poder judicial . Expresa el autor citado que "El hecho de ser un Tribunal, que actúa a instancia de parte y obtiene información, la procesa y la traduce en una sentencia, como lo hacen los Tribunales de Justicia, se adecua muy bien a su naturaleza defensiva."
>
> 3. Su composición tiende a reflejar el compromiso entre la mayoría y la minoría que presidió la aprobación de la Constitución.
>
> 4. Su competencia básica consiste en el control de constitucionalidad de la Ley y, por tanto, en imponer a la mayoría parlamentaria que la aprueba el respeto del pacto constituyente.
>
> 5. Sus competencias adicionales van en la misma dirección protección de los derechos fundamentales, esto es, defensa del individuo, de la sociedad frente al Estado;..."[21]

A lo anterior se hace necesario añadir que en el caso de la Corte Constitucional Colombiana, se descubre con facilidad su pertenencia a la Rama Judicial, ello por estar regulada en el acápite constitucional que

[21] MONROY CABRA, Marco Gerardo. Ob. Cit., p. 23-24

reglamenta su función jurisdiccional y que por lo tanto no sólo esta revestida de funciones judiciales sino también de naturaleza jurisdiccional. De igual manera existen razones que determinan el carácter jurisdiccional de la Corte Constitucional, entre otros:

> "1. La sujeción de su función a un método jurídico de interpretación.
>
> 2. El carácter reglado de la acción del Tribunal Constitucional en cuanto la actividad de conocimiento jurídico y no de oportunidad política.
>
> 3. Su actuación sólo opera a instancia de parte.
>
> 4. La vinculación de su actividad a un proceso jurisdiccional especial y contradictorio.
>
> 5. Los principios de neutralidad e independencia a que está sujeta la actividad jurisdiccional.
>
> 6. Su posición de tercero super parte."[22]

Por ello el Juez Constitucional debe actuar "como garante y nunca como participante. En el momento que el JC (Juez Constitucional) opte por la posición del participante desdice la Constitución..."[23].

---

[22] SOSPEDRA, Manuel Martínez. "El Tribunal Constitucional como órgano político", en Dirección General de los Contencioso del Estado: El Tribunal Constitucional, vol. II, Madrid, Tecnos, 1984, P.846- Obra citada por MONROY CABRA, Marco Gerardo. Foro I, Estado actual de la Justicia Colombiana, diagnóstico y soluciones. Bogotá. Universidad Externado de Colombia. 2003. Pág.28

[23] SANÍN RESTREPO, Ricardo. Libertad y Justicia Constitucional. Bogotá. Academia Colombiana de Jurisprudencia. 2004. Pág.127

2.2 EL CONTROL DE CONSTITUCIONALIDAD UN ASUNTO DE PODER.

Teniendo en cuenta las obligaciones connaturales a la Corte Constitucional respecto de su función jurisdiccional, se presenta un conflicto de competencias entre el Legislador y la Corte Constitucional. La actuación del Juez Constitucional enmarca problemas de poder porque "...entre mayor sea el ámbito normativo de la Constitución, más amplia será la potestad de control de la Corte Constitucional y más reducido el espacio de la libre configuración política del legislador, por lo que la interpretación de la Constitución tiende a convertirse en un problema de poder."[24]

De acuerdo a lo anterior es evidente la interrelación de estos dos órganos y los posibles problemas, puesto que la Corte Constitucional actúa como órgano político negativo y el Legislador como órgano político positivo, siendo la interpretación constitucional una función competente a ambos y una función de límites. "En primer lugar por parte del legislador, que, al dictar la norma determina cuáles son los límites que le marca la Constitución. En segundo lugar, por el Tribunal Constitucional, que tendrá eventualmente que revisar si los límites constitucionales del legislador son los que él considera como tales o no. Para los dos intérpretes 'auténticos' de la Constitución ésta es simplemente un límite."[25]

---

[24] VILA CASADO, Iván. Ob. Cit., p.55.

[25] PÉREZ ROYO, Javier. Curso de Derecho Constitucional, Madrid, Marcial Pons, 1994, Pág.114. Obra citada por MORELLI RICO, SANDRA. La Corte Constitucional ¿Un legislador Complementario? , Instituto de Estudios Constitucionales Carlos Piedrahita. Universidad Externado de Colombia. Bogotá. 1997. Pág.34

Sin embargo vale la pena detenerse ante la afirmación kelseniana, sobre los Tribunales Constitucionales como Legisladores Negativos. Para algunos autores entre ellos Juan Manuel Charry quien cita al profesor García Enterría y quien a su vez considera que el poder legislativo se dividió en dos: "...El Parlamento, Titular de la iniciativa política, que es el legislador positivo, otro, el Tribunal Constitucional que elimina para mantener la coherencia del sistema, las leyes que no respeten el marco constitucional,"[26]. Pero la competencia de la Corte Constitucional es de carácter supremo y superior al del mismo Legislador Positivo, por cuanto "la Constitución no está hecha, está en proceso de hacerse. Continuará haciéndose a medida que se vaya interpretando y aplicando a casos concretos. También continuará haciéndose a medida que surjan controversias políticas..."[27]. Más aun, porque el poder y la competencia de la Corte Constitucional como intérprete supremo de la Constitución, proviene directamente de la misma Constitución.

2.3 LA CORTE CONSTITUCIONAL COMO ÓRGANO POLÍTICO.

Sin olvidar lo expuesto en los dos acápites anteriores sobre el control de constitucionalidad que ejerce los Tribunales Constitucionales y para nuestro caso la Corte Constitucional, se debe precisar:

1. Que la Corte Constitucional ejerce sin lugar a dudas una función jurisdiccional.

2. Que a consecuencia de lo anterior es un órgano de poder, con conflicto de competencia con otras ramas del Poder.

---

[26] CHARRY, Juan Manuel. Ob., Cit, p.103.

[27] CEPEDA, Manuel José. Introducción a la Constitución de 1991. Hacia un Nuevo Constitucionalitos. Bogotá. Presidencia de la República Conserjería para el Desarrollo de la Constitución. 1993. Pág.98

3. Que es el intérprete supremo de la Constitución.

Como hemos observado "la jurisdicción constitucional es una jurisdicción que recae sobre una materia política, que bien puede llevar a una juridificación o constitucionalización de la política,..."[28]. Pero existe una razón funcional que reviste políticamente a la Corte Constitucional, como es de nuestro conocimiento el Juez Constitucional decide por medio de sentencias las cuales pueden poseer un carácter normativo, en especial las sentencias de constitucionalidad que se constituyen en fuente de derecho[29], "En el fondo se trata de dos variantes de un único y mismo valor: cuando la constitución autoriza al juez, dentro de determinados límites, a sopesar los intereses que se oponen entre el legislador y el constituyente y a resolver el conflicto a favor de uno u otro, le otorga un capacidad creadora de derecho y con ello, un poder que da a la función judicial un carácter político..."[30]

La anterior razón funcional se complementa con la afirmación de Manuel José Cepeda al considerar la continua construcción de la Constitución por medio de la función jurisdiccional.

La decisión judicial y la decisión legislativa son decisiones políticas, que se diferencian porque: "Aquel lo hace (el legislador) por medio de la norma, donde plasma una política que él, discrecionalmente,..."[31] ha elegido entre múltiples opciones que deben ser constitucionales, en cambio que el juez constitucional "...no tiene ante sí tantas alternativas: tiene una, puede tomarla o dejarla. Más exactamente debe tomarla o dejarla, y digo debe,

[28] CABALLERO SIERRA, Gaspar. Corte Constitucional y Legislador: Comentarios o Complementarios. Bogotá. Pág.57
[29] MORELLI RICO, Sandra. La Corte Constitucional un Papel Institucional aun por definir. Bogotá. Academia Colombiana de Jurisprudencia. 2001. Pág.1
[30] MOLINA BETANCUR, Carlos Mario. ¿Limitar o Fortalecer La Corte Constitucional?. Corte Constitucional Balances y Perspectivas. Bogotá. Universidad del Rosario. 2002. Pág.316
[31] MORELLI RICO, Sandra. La Corte Constitucional: ¿Un Legislador Complementario? Ob. Cit., p.35

porque sus parámetros de decisión están predefinidos en el texto constitucional."[32] Por eso podemos afirmar que la decisión legislativa es discrecional a diferencia de la decisión judicial que debe obedecer a un método.

"El objeto de la decisión constitucional es también política y sus consecuencias los son igualmente..."[33], la decisión constitucional proferida por el Juez Constitucional tiene un rasgo que la resalta y le hace diferente, pues lo hace en ejercicio del control de constitucionalidad que significa un incremento acentuado de poder y por lo tanto una disminución del poder legislativo[34], aunado a este rasgo encontramos que los fallos se fundan tanto en derecho, como en valores filosóficos y políticos.

El alcance de las decisiones judiciales y en el caso de las sentencias de la Corte Constitucional, para algunos deben ser reconocidas como fuentes de derecho, no por la declaratoria de nulidad de una norma si no y especialmente porque a la interpretación de la norma va unida a esta.[35]

En concordancia con lo anterior se infiere que tanto el juez constitucional como el legislador son creadores de Derecho, los dos en ámbitos políticos diferentes y separados, "...en el ámbito político, al juez constitucional del legislador, para llegar a concluir que el primero sólo influye en éste de manera negativa."[36]El Juez Constitucional lo hace de manera negativa, como legislador negativo, esto obedece a que el legislador hace una interpretación

---

[32] Ibíd., p.36
[33] Ibíd., p.35
[34] BACHOFF, Otto. Jueces y Constitución, Madrid, Pág.15 Obra citada por Gaspar Caballero Sierra. Corte Constitucional y Legislador: Comentarios o Complementarios. Bogotá. Pág.57
[35]PIBERNAT DOMÉNECH, Xavier. "La Sentencia", Pág.85 Obra citada por Sandra Morelli Rico. La Corte Constitucional un Papel Institucional aun por definir. Bogotá. Ediciones Academia Colombiana de Jurisprudencia. 2001. Pág.4
[36] MORELLI RICO, Sandra. La Corte Constitucional: ¿Un Legislador Complementario? Ob. Cit., p..36

política de la Constitución y la Corte Constitucional lo hace de acuerdo a un método jurídico y de manera defensiva.

Otra razón para considerar las sentencias de la Corte Constitucional como decisiones políticas, consiste en "que dirimir un litigio con base e un texto tan amplio y en ocasiones tan ambiguo como una Constitución Política, representa siempre una cuestión de oportunidad, es decir media siempre la posibilidad de una interpretación política".[37]

La misma Constitución, es un texto político que limita tanto de manera jurídica como de manera política el poder, por eso la aplicación y verificación de esos limites, se consideran como "la función política de la Constitución, es la de poner limites jurídicos al ejercicio del poder, garantía constitucional que significa generar la seguridad de que esos límites no serán transgredidos"[38]. Este ejercicio de poder a su vez es un acto político.

Aparte de lo anterior es necesario tener en cuenta el procedimiento para la elección de los magistrados de la Corte Constitucional. Esta elección la hace el Senado de ternas enviadas por el Presidente de la República, la Corte Suprema y el Consejo de Estado. Esta conformación ha generado y genera inquietantes discusiones sobre la objetividad de la Corte, puesto que para algunos este órgano se politizó. Así por ejemplo, para Manuel José Cepeda, ésta forma de elección es una garantía de independencia de los Magistrados frente a las demás ramas del poder. Para otros autores es una forma de elección democrática, en consideración a que participan órganos que son elegidos por voto popular sin olvidar el criterio y las calidades jurídicas de los órganos judiciales, revistiéndoles de un mayor grado de legitimidad frente a

[37] TOBO RODRÍGUEZ, Javier. La Corte Constitucional y el Control de Constitucionalidad. p.146
[38] KELSEN, Hans. La Garantía Jurisdiccional de la Constitución, la Jurisdicción Constitucional. Madrid Debate.1988 Pág.5. Obra citada por MOLINA BETANCUR, Carlos Mario ¿Limitar o Fortalecer La Corte Constitucional?. Corte Constitucional Balances y Perspectivas. Bogotá. Universidad del Rosario. 2002. Pág.316

los demás instituciones judiciales, aunque para algunos las posturas o decisiones políticas de la Corte no son legitimas, "...el problema de la legitimidad o de legitimación de la Corte Constitucional dimana de su propia existencia, de la Carta Política que ella misma preserva, y de los cánones constitucionales referentes a su competencia de alcance eminentemente político."[39]

El carácter político o no de la Corte Constitucional es en definitiva un problema que versa sobre la interpretación que ella hace, de las repercusiones políticas que esta puede o no tener; pero más allá de esta afirmación es necesario observar que los parámetros que reglan su función son parámetros políticos, su elección tiene consideraciones de carácter político y sus pronunciamientos versan sobre cuestiones políticas.

Hasta ahora y en concordancia con los debates de la Asamblea Nacional Constituyente como con los Tratadistas nacionales, la naturaleza de la Corte Constitucional, no es simplemente jurisdiccional, su naturaleza es híbrida por consultar tanto los métodos de interpretación jurídica como, por su carácter de guardián de un cuerpo político.

---

[39] CABALLERO SIERRA, Gaspar. Ob. Cit. p.59

3. NATURALEZA DE LA CORTE CONSTITUCIONAL DE ACUERDO A LA DEFINICIÓN DE SU COMPETENCIA POR MEDIO DEL PRECEDENTE

Este capítulo corresponde al tercer objetivo planteado, en el que se procede a realizar un análisis del Precedente Judicial en materia de competencia de la Corte Constitucional y a partir de allí determinar su Naturaleza.

Una de las razones por las que se escoge el estudio del Precedente Judicial en materia de Competencia de la Corte Constitucional y posteriormente en el control de constitucionalidad de los referendos, leyes y actos legislativos, es su carácter político y polémico, sobre todo los últimos, por ser Reformas a la Carta Política.

Es así que el intérprete de la Norma Constitucional, se enfrenta continuamente a problemas políticos y encuentra un camino lleno de tensiones cuando se trata de Reformas a la misma Carta Constitucional, porque en ella se suscitan problemas tanto de competencia como de supremacía y guarda del estatuto fundamental.

Consecuencia de lo anterior la Corte Constitucional ha construido un precedente judicial que le permite determinar tanto la competencia del órgano reformador como la competencia del juez constitucional, razón que delimita rasgos de su propia naturaleza.

Ahora bien, es pertinente precisar porque este precedente permite determinar la naturaleza de la Corte Constitucional, su deber ser, cómo opera, o cómo debe actuar este cuerpo estatal, lo cual es un camino que nos conduce a su ser, a su naturaleza.

En aras de establecer la Ratio de Decidendi, en el estudio de la Línea Jurisprudencial, en primea parte observaremos la evolución de la Doctrina Constitucional, trataré de explicar y comprender, qué se planteo como antecedente jurisprudencial?, cómo se modifico la línea Jurisprudencial? y cuál es la sentencia Hito?.

3.1 SENTENCIA DE CONSTITUCIONALIDAD C-531 DE 1995

En este primer punto, donde comienza el precedente con la sentencia de constitucionalidad C-531 de 1995 con ponencia del magistrado Alejandro Martínez Caballero, la Corte Constitucional esta actuando a ruego, sobre la constitucionalidad de una ley.

3.1.1 Precedente.

A continuación se identifica la Ratio Decidendi de esta jurisprudencia:

- ✓ Respecto a la forma de su actuación la Corte Constitucional determina que en cuanto a las demandas de constitucionalidad frente al control de constitucionalidad ejercido sobre las leyes, esta en capacidad de desplegar un control integral sobre el acto demandado, es decir no se limita únicamente a las razones y puntos aducidos por el accionante.

- ✓ Como complemento de la Ratio Decidendi, identificada en el párrafo anterior, la Corte Constitucional reconoce dentro de su competencia integral la capacidad de hacer un juicio sobre la unidad de materia en el proyecto de ley demandado, unidad de materia que como objetivo busca depurar el producto legislativo, de suerte que obedezcan a un eje de discusión, para que así exista mayor transparencia en el proceso legislativo.

- ✓ Finalmente, la Corte Constitucional reconoce que el estudio integral y en la observancia de la Unidad de Materia, lleva necesariamente a una "coherencia interna de las leyes lo cual es un elemento esencial de seguridad jurídica"[40]

3.1.2 Comentario:

El planteamiento jurídico es muy claro y se presenta en la practica política al interior del legislativo colombiano y podría decirse que este es un control que respecta sobre el ejercicio político mas lato del Estado, que es el de legislar; discernir, que el acto judicial de control constitucional se efectúa sobre un proceso de deliberación en el que se expongan en las preferencias políticas e ideológicas del congresista elegido y a su vez determinar si dicha discusión respetó su eje estructural y mantuvo la coherencia política al interior de la disertación parlamentaria; la consecuencia de hacer un control a la unidad de materia, es el mantenimiento de la Seguridad Jurídica, fundamental para el institucionalismo socio-jurídico del Estado, "el fundamento del sistema democrático no se encuentra en un conjunto de nociones que determinan el contenido de las decisiones políticas, sino mas bien en un método, o en un grupo de reglas de procedimiento a partir de las cuales se establece la

[40] CABALLERO EDUARDO, Martínez. Sentencia C-531 de 1995

manera como deben ser tomadas dichas decisiones. La democracia no se ocupa, de que es lo que se debe decidir"[41] , sino como se debe decidir, se ocupa del procedimiento, de ahí que el procedimiento legitime o no, el proyecto de Ley.

"De una parte, las razones que presenta ponen de manifiesto que el modelo de justicia que subyace en el Estado constitucional de derecho es dependiente de las decisiones políticas que a través de las reglas de procedimiento democrático se hayan tomado o se hayan de tomar. En ese sentido las decisiones judiciales en un Estado social de derecho no pueden ser ajenas a esta consideración, pues la actividad que despliega el juez constitucional está dada en primer lugar por una determinación política previa sea porque proviene inmediatamente del órgano legislativo, o bien, porque proviene mediante de las decisiones originarias del poder constituyente."[42]

Se puede concluir hasta ahora que la competencia de la Corte Constitucional es amplia y se expande mas allá de los cargos invocados por el demandante, también dentro de sus funciones esta velar por la guarda del principio de Unidad de Materia para mantener la seguridad jurídica; ello a causa de que la Constitución es una Norma Jurídica "...que ha de presidir el proceso político y la vida colectiva de la comunidad."[43]

El problema jurídico es complejo al tratar de definir las funciones y competencias de la Corte Constitucional, cuando se debe enfrentar en su proceso de decisión, su función judicial ante los valores cimentadores de su propio ser y en especial cuando se trata de un régimen democrático que se fundamenta en procesos de legitimidad, ello a consecuencia del principio

[41] CIFUENTES MUÑOZ, Eduardo Sentencia C-089-1994
[42] MORA RESTREPO, Gabriel. La Dimensión axiológica del principio constitucional democrático. Universidad de la Sabana 1999. p. 287
[43] GARCIA DE ENTERRIA, Eduardo. La Constitución como norma jurídica y el tribunal constitucional. Ed. Civitas, Madrid 1994. p.174

democrático en lo político, que equivale a decir que políticamente sólo se puede decidir bajo tales reglas y procedimientos, sometiendo la cuestión a decidir judicialmente, de conformidad al constituyente primario.

3.2. LA SENTENCIA C-387 DE 1997

En la sentencia C-387 DE 1997 con ponencia del Magistrado Fabio Morón Díaz, se explica el carácter expansivo y observante del juicio de razonabilidad de carácter constitucional y la observancia de la Constitución de todo el Ordenamiento Jurídico.

Al igual amplía la capacidad normativa del adverbio "sólo", contenido en el artículo 379 de la Carta Política, que reza así: *Los actos legislativos, la convocatoria a referendo, la consulta popular el acto de convocatoria a la Asamblea Nacional Constituyente, sólo podrán ser declarados inconstitucionales cuando se violen los requisitos establecidos en este titulo.*

La acción pública contra estos actos sólo procederá dentro del año siguiente a su promulgación, con observancia de lo dispuesto en el artículo 241 numeral 2o.

Es así que encontramos las consideraciones en cuanto a su aplicación a este adverbio y la interpretación judicial que realiza la Corte Constitucional referente a este.

3.2.1 Precedente:

De esta manera empezamos a identificar que la Ratio Decidendi:

- ✓ Levanta la literalidad del adverbio "sólo", pues este restringe el estudio de constitucionalidad a lo que reposa en el Artículo 379 de la Constitución, desconociendo la validez jurídica y complementaría de otras normas constitucionales y de las demás normas que desarrollan la propia Constitución, pues a pesar de tener una naturaleza infraconstitucional, su desconocimiento conllevaría a una vulneración de la Carta Política.

- ✓ El juicio de razonabilidad del juez constitucional no sólo se amplía a las demás normas constitucionales y legales, si no que también se hace un juicio sobre todo el Acto Legislativo esté dentro o no de las consideraciones del accionante, es decir "...- frente a los actos legislativos, el examen de la Corporación se limita a establecer si hubo o no vicios de procedimiento en su formación. Por ende, si la Corte, al examinar una demanda contra un acto legislativo, constata que éste adolece de vicios de procedimiento, es su deber examinarlos, incluso si éstos no fueron señalados por los actores"[44]

3.2.2 Comentario.

Como el juicio de constitucionalidad no es un juicio "cualquiera", es un juicio superior, pues de acuerdo a García Enterria, "La situación de intereses en relación con el principio **summun ius summun injuiria** con que se enfrenta el juez constitucional, dice Bachoff, es, con toda frecuencia, contraria a lo que es propia de un juez ordinario"[45]. Puesto que el juez ordinario dirime

---

[44] Ibíd.
[45] GARCÍA ENTERRIA, Eduardo. Ob. Cit., p.181

asuntos de carácter particular "un conflicto entre la fidelidad a la Ley y a la justicia del caso concreto, esto es, de la justicia individual frente a la Ley, en tanto que para el juez constitucional la situación es frecuentemente la contraria: una situación en que la norma satisface la justicia individual, pero que amenaza en su estricta consecuencia con lesionar <<valores generales>>."[46]

La defensa de los valores generales es más aguda cuando se trata de un reforma constitucional y más aun el juicio acerca de esa reforma, ya que este no puede lesionar el principio representativo de quien hace la Reforma, pero el Legislativo no puede desconocer los procedimientos que legitiman su actuación "el conflicto no está en el contraste entre fidelidad a la norma y justicia individual, sino en el enfrentamiento entre el mandato jurídico y la racionalidad o la necesidad política, entre el rigor de la norma y la existencia del bien general."[47]

Se puede concluir como precedente:

a) La naturaleza es integral en el caso del control de constitucionalidad sobre los Actos Legislativos.

b) El juez constitucional versa su actuación exclusivamente en cuanto al procedimiento y no a la materia del Acto Legislativo.

c) Se considera un control integral por parte de la Corte Constitucional pues debe observarse el

[46] GARCÍA ENTERRIA, Eduardo. Ob. Cit., p.181
[47] GARCÍA ENTERRIA, Eduardo. Ob. Cit., p.181

artículo 379 de la Constitución, las demás normas constitucionales que versen sobre el asunto objeto de control y las otras normas del ordenamiento jurídico que desarrollen la Constitución y regulen la materia objeto de análisis.

3.3. LA SENTENCIA C-543 DE 1998.

En la sentencia C-543 de 1998 con ponencia del Magistrado Carlos Gaviria Díaz, puede establecer claramente que en esta se modifica el precedente.

La sentencia C-387 de 1997 y en relación a cuales debe ser los límites en el control de constitucionalidad de los actos Legislativos.

3.3.1 Precedente.

En esta sentencia se define el control de constitucionalidad en relación al procedimiento de los Actos Legislativos.

Podemos identificar como Ratio Decidendi, la forma en que el juez constitucional de acuerdo a los parámetros constitucionales se auto-restringe en el examen de constitucionalidad del Acto Legislativo.

- ✓ De acuerdo con lo dicho por la Corte Constitucional en esta sentencia, el juez está en la competencia exclusiva de hacer un estudio sobre la forma del acto, de acuerdo a lo consagrado en la Constitución y en la Ley Quinta, el procedimiento para este control debe "...proceder de manera estricta y rigurosa en el examen de los trámites estatuidos por el Constituyente y la ley orgánica para esa clase de actos, con el objeto de verificar su validez formal."[48]

- ✓ El juicio de constitucionalidad versa sobre el procedimiento y por lo tanto debe dirigirse a estudiar su inconstitucionalidad "por vicios de procedimiento en su formación, es decir, por violación del trámite exigido para su aprobación por la Constitución y el Reglamento del Congreso"[49],el juez constitucional debe hacer un análisis integral de Acto Legislativo, puesto que le "...es propio de la justicia constitucional la mayoría de la veces realizar un ejercicio sincrético no sólo de las normas constitucionales sino de todo el ordenamiento jurídico..."[50]

- ✓ El análisis debe hacerse exclusivamente sobre los puntos demandados por el accionante, es decir: "Cabe agregar que como el control constitucional de los Actos Legislativos no es de carácter oficioso, sino rogado por demanda ciudadana, la Corporación en estos casos tan sólo puede pronunciarse sobre los cargos formulados por los demandantes"[51]. Aquí se evidencia el cambio de precedente, pues como observamos en la anterior sentencia el juez constitucional consideraba que el examen de constitucionalidad debía ejercerse tanto por los cargos pronunciados, como por los no pronunciados por el accionante.

3.3.2 Comentario.

---

[48] GAVIRIA DÍAZ, Carlos. Sentencia C-543 de 1998.
[49] GAVIRIA DÍAZ, Carlos. Sentencia C-543 de 1998.
[50] MORA RESTREPO, Gabriel. Ob. Cit., p.287
[51] GAVIRIA DÍAZ, Carlos. Sentencia C-543 de 1998.

Luego entonces nos es dado concluir:

a) De acuerdo a la Ratio Decidendi de la sentencia, existe una reiteración al principio político de las democracias modernas y es la validez de las formas como mecanismo de mantenimiento del Orden Jurídico y ello consecuente con el Profesor Mora Restrepo, según el cual al realizar el juicio de razonabilidad, el juez, debe hacer una interpretación total de la Constitución y por ello debe tener dentro de su juicio las normas jurídicas constitucionales que la desarrollan. Como lo es para nuestro caso el Reglamento del Congreso, como Ley Orgánica, que no solo desarrolla la Constitución si no que es una norma superior a las demás leyes ordinarias, por regular una de las funciones y poderes constituidos más importantes dentro del institucionalismo estatal.

b) En concordancia a la anterior sentencia, el juicio de control de constitucionalidad de los Actos Legislativos, esta ligado y comprometido a un análisis sistemático del ordenamiento jurídico y que se limita a los cargos aducidos por el accionante.

3.4. SENTENCIA DE CONSTITUCIONALIDAD C-487 DE 2002.

Sentencia de constitucionalidad C-487 DE 2002 con ponencia del Magistrado Álvaro Tafur Galvis y la C-614 de 2002 con ponencia del Magistrado Rodrigo Escobar Gil, estas sentencias reiteran lo establecido por la Corte Constitucional en la sentencia C-543 de 1998, que modifica el precedente determinado por la Sentencia C-387 de 1997, en la que se limita el examen de constitucionalidad al análisis de los cargos planteados por el demandante y es una muestra de autodisciplina de la Corte, el no realizar un examen integral de los vicios de constitucionalidad, si no que contrae su competencia y se limita su análisis.

3.4.1 Precedente.

Estas sentencias, son reiterativas del precedente, sobre el control de constitucionalidad y la necesidad de tener en cuenta que:

- ✓ La Corte Constitucional en el control de constitucionalidad de los Actos Legislativos tiene competencia para estudiar los cargos sobre el procedimiento.

- ✓ El anterior análisis se hace con base a lo reglamentado por la Constitución en el Titulo XIII, en el Artículo 317, en las demás normas constitucionales y en el Reglamento del Congreso.

- ✓ El examen de constitucionalidad debe hacerse exclusivamente sobre lo aducido en la demanda de constitucionalidad.

3.4.2 Comentario:

Estas sentencias, de igual manera recavan sobre la forma de hacer el estudio de constitucionalidad en cuanto a los vicios de procedimiento en su formación; son sentencias reiterativas y no modifican el precedente.

3.5. SENTENCIA LA C-551 DE 2003.

Está sentencia dentro de la evaluación y ponderación, hecha a todas las sentencias de ésta línea jurisprudencial, es sin lugar a dudas la sentencia Hito, ésta se ha consolidado como fiel referencia de la doctrina constitucional y en la reinvención de las labores jurídicas del juez constitucional.

3.51 Precedente.

En cuanto a esta sentencia, con ponencia del Magistrado Eduardo Montealegre Lynett, cumple con una gran labor académica al definir con precisión el control de constitucionalidad y las principales características de éste. Que sigue la Corte:

> "....es un control previo al pronunciamiento popular; concentrado, por estar exclusivamente a cargo de la Corte Constitucional; judicial, por la naturaleza del órgano que lo lleva a cabo; automático, ya que opera por mandato imperativo de la Carta Política; integral, pues corresponde a la Corte verificar todos los eventuales vicios en el procedimiento de esa ley; específico, por cuanto la Corte sólo puede examinar los vicios de procedimiento de la ley ya que no le corresponde estudiar su contenido material; participativo, pues se faculta a los ciudadanos a coadyuvar o impugnar la constitucionalidad; definitivo, porque el texto sometido a control no podrá volver a ser objeto de pronunciamiento por parte del Tribunal Constitucional; y

delimitado por la propia Constitución en los artículos 379 y 241 ord 2º.[52]"

3.5.2 Comentario.

Ésta sentencia versa sobre el tramite y constitucionalidad de un referendo, su valor se encuentra en el alcance que la Corte Constitucional le concede a la interpretación sistemática y armónica del texto constitucional, la obligatoriedad del interprete al tomar, el art. 378 Constitución Nacional que reenvía al interprete a los artículos como el 115 y 155 de la Constitución, cuando la iniciativa es ciudadana, ella misma define la constitución y la forma de su interpretación "La Constitución es un texto armónico que debe ser interpretado de manera sistemática, teniendo en cuenta, además, los propósitos pretendidos por el constituyente.

Esta Corte ya había precisado sobre ".....la solución de las controversias jurídicas de interés constitucional, exige que le sean aplicados al caso controvertido, todas las consecuencias, mandatos, permisiones, prohibiciones y diseños estructurales- previstos en la Carta"[53].

Y continúa su argumentación la Corte Constitucional señalando las siguientes conclusiones:

a) El control ejercido sobre la convocatoria de los referendos constitucionales es reforzado, porque además del control automático que ejerce la Corte sobre la ley de referendo, con

---

[52] MONTEALAGRE LYNETT, Eduardo. Sentencia C-551 de 2003
[53] MONTEALAGRE LYNETT, Eduardo. Fundamento 6. Sentencia SU-1122 de 2001.

posterioridad a su sanción, es viable la acción pública de inconstitucionalidad sin que ello signifique que se pueda desconocer el principio de la cosa juzgada.

b) Las normas de referencia para adelantar el control constitucional de la ley que convoca un referendo, no son sólo el Título XIII de la Constitución sino también aquellas otras disposiciones de la Carta Política, el Reglamento del Congreso (Ley 5 de 1992) y la Ley Estatutaria de Mecanismos de Participación (LEMP o Ley 134 de 1994), que sean necesarias para determinar el alcance de los requisitos constitucionales de aprobación de la ley que convoca a un referendo. Dentro de ese conjunto de normas habrá varias pertinentes y algunas no pertinentes, según la cuestión analizar.

c) El Congreso debe aplicar el reglamento en su integridad al aprobar una ley de referendo, pero dicho reglamento no puede ser interpretado de manera aislada y exegética sino de conformidad con los principios y valores constitucionales que desarrolla.

d) El examen de la Corte recae exclusivamente sobre los vicios de procedimiento en la formación de esa ley, lo cual significa que no le corresponde a esta Corporación efectuar un control de fondo sobre el contenido material de esas reformas, pero lo anterior no implica que la Corte Constitucional deba examinar únicamente los pasos de la formación de la ley; el control de la Corte se extiende al estudio de los eventuales vicios de competencia en el ejercicio del poder de reforma, pues la competencia es un pilar y un presupuesto básico tanto del procedimiento como del contenido de las disposiciones sujetas a control de la Corte. Esto plantea la necesidad de definir los alcances del poder de "reformar" la Constitución (artículo 374 C.P), uno de los "requisitos" previstos en el Título XIII de la Carta Política.

e) El control de la Corte Constitucional se extiende también al examen de la presentación del texto del proyecto de reforma constitucional incorporado a la ley, pues conforme al artículo 378 de la Carta, esta Corporación debe examinar si la presentación del texto sometido a la aprobación del pueblo asegura o no la libertad del votante."[54]

Tal vez, una de las principales conclusiones y que no señala la misma Corte, es la definición de Poder Constituyente y Poder Constituido, y con ello la capacidad de este último para reformar la Norma Constitucional, mas no la facultad de sustituirla y la importancia de estos conceptos en el juicio de constitucionalidad de los Actos Legislativos respecto a los vicios de forma en el trámite.

3.6. SENTENCIA C-1200 DE 2003.

3.61. Precedente.

La sentencia C-1200 de 2003 con ponencia de los Magistrados Rodrigo Escobar Gil y de Manuel José Cepeda Espinosa, ratifica el precedente creado por la Corte en la sentencia C-551 de 2003 e igualmente hace un estudio de la aptitud del petitum en la demanda de inconstitucionalidad.

---

[54] MONTEALAGRE LYNETT, Eduardo. Sentencia C-551 de 2003.

- ✓ Señaló la Corte en esa sentencia, que una interpretación sistemática de la Carta, impone la inclusión de otras normas a pesar de la restricción del Artículo 379 de la Constitución, reiterando el precedente.

- ✓ "Cuando un ciudadano demanda una reforma constitucional por considerarla inconstitucional tiene la carga argumental de demostrar que la magnitud y trascendencia de dicha reforma conducen a que la Constitución haya sido sustituida por otra.

- ✓ La aptitud de la demanda es uno de los criterios de valoración y de apreciación que debe realizar tanto el juez ordinario como el juez constitucional. La importancia de la aptitud radica en que a mayor claridad de ella, hay mayor eficacia judicial, como principio de la función administrativa y judicial. Igualmente la determinación expresa y clara de las pretensiones, permiten determinación y precisión en lo concedido o lo negado. Es una relación reciproca y directamente proporcional, de la cual no se escapa la actuación del juez constitucional.

- ✓ La competencia del juez constitucional no sólo se limita a observar la aptitud de la demanda sino a obedecer la principialística constitucional y evitar el subjetivismo judicial, de ahí la importancia de los límites de competencia del juez constitucional: 1. En cuanto al contenido del Acto

Legislativo, sobre el cual no tiene competencia. 2. Su pronunciamiento es sólo sobre vicios de procedimiento.

3.6.2 Comentario.

El aporte de esta sentencia, consiste en demostrar la importancia de la demanda y la claridad en las pretensiones para lograr mayor nitidez y precisión judicial, porque entre mejor sea el petitum, más clara será la competencia del juez constitucional y el estudio de constitucionalidad será más nítido.

3.7. SENTENCIA C-668 DE 2004.

Sentencia C-668 de 2004 con ponencia del Magistrado Alfredo Beltrán Sierra, en esta sentencia se ratifica el cambio de precedente iniciado en la sentencia C-551 de 2003, sobre la competencia de la Corte Constitucional en cuanto al control de de constitucionalidad de los actos legislativo e igualmente reitera el precedente en los demás puntos mencionados en el estudio.

3.7.1 Precedente.

La contribución de esta sentencia a la línea jurisprudencial, tiene que ver con la importancia que tiene el ciudadano en la instauración de la demanda de inconstitucionalidad pues este cumple un deber democrático y una función pública. Podemos observar que en primera instancia se reconoce en el ciudadano la posibilidad de:

- ✓ Objetar por medio de un proceso judicial la constitucionalidad del acto legislativo. El ciudadano debe detectar el vicio y estructurar un argumento sobre la inconstitucionalidad del acto.

- ✓ Esta tesis, fue reiterada en la sentencia C-487 de 2002, en la que se consideró que en relación con el control de constitucionalidad sobre los vicios de forma de los actos legislativos, se debía seguir el criterio fijado en la Sentencia C-543 de 1998 que optó por analizar los cargos planteados en la demanda".

3.7.2. Comentario.

De manera incisiva en esta línea jurisprudencial se destaca el limite funcional de la Corte Constitucional y la relevancia de los cargos en la demanda que modifica la sentencia la C-487 de 2002, y hace de éste un presupuesto de competencia de la Corte Constitucional.

3.8. SENTENCIA C-970 DE 2004.

Respecto al control de constitucionalidad la sentencia C-970 de 2004 con ponencia del Magistrado Rodrigo Escobar Gil, reitera la clase de análisis que debe hacer la Corte Constitucional:

3.8.1 Precedente:

- ✓ La Corte Constitucional en el estudio de constitucionalidad de los Actos Legislativos, reitera que este es "...un juicio sobre la competencia del órgano encargado de adelantar la reforma."[55]

Por lo tanto La Corte Constitucional no tiene competencia para examinar el fondo del acto legislativo, este juicio de constitucionalidad se hace sobre la competencia del órgano encargado, de hacer la reforma constitucional.

Su característica, consiste en ser un juicio autónomo en el que se debe verificar la competencia del órgano, sí el legislativo es competente se estaría frente a una reforma constitucional, sí por el contrario el órgano carece de competencia, se presentaría una sustitución constitucional, del cual carece de competencia el Congreso.

- ✓ Al igual se recava en las consecuencias jurídicas de los vicios de competencia: "los vicios de competencia se proyectan no sólo sobre su contenido material, sino también sobre el trámite de la norma, en la medida en que quien la dicte carece de competencia para hacerlo."[56]

La competencia es un presupuesto de la actuación de los cuerpos judiciales y políticos en un Estado Social de Derecho, en el cual "todo poder esta jurídicamente delimitado"[57], de acuerdo a ello, "todo órgano del Estado tiene sus funciones definidas en una

[55] ESCOBAR GIL, Rodrigo Sentencia C-970 de 2004.
[56] ESCOBAR GIL, Rodrigo Sentencia C-970 de 2004.
[57] ESCOBAR GIL, Rodrigo Sentencia C-970 de 2004.

norma, la cual, no solamente determina el contenido de las mismas, sino que, además, fija las condiciones dentro de las cuales deben desarrollarse y los procedimientos para su ejercicio. "[58]

3.8.2 Comentario.

Sobresale uno de los principios en los que confían los Estados contemporáneos para evitar los abusos de poder y la relevancia del ordenamiento jurídico como demarcación jurídico-política de estas funciones, esto hace, parta del statu quo que permite el equilibrio de los poderes y la vigencia del control de pesos y contra pesos, que se patentizan en los mecanismos como el control de constitucionalidad, que permiten el mantenimiento de la estabilidad institucional.

Este control no es una barrera para la modernización y actualización de la Corte Constitucional, por eso las características de cada control de constitucionalidad respecto de las leyes, los actos legislativos y los demás actos confiados a su control, tiene diferentes características. La importancia fundamental en el control de constitucionalidad de los Actos Legislativos, consiste en respetar la voluntad del constituyente primario sin olvidar las necesidades de modernización del Estado, es por ello que en este control se deben observar las siguientes premisas:

a) "... aquellos aspectos definitorios de la identidad de la Constitución que se supone han sido sustituidos por el acto reformatorio."[59]Lo cual le "permite a la Corte establecer los

[58] ESCOBAR GIL, Rodrigo Sentencia C-970 de 2004.
[59] ESCOBAR GIL, Rodrigo Sentencia C-970 de 2004.

parámetros normativos aplicables al examen de constitucionalidad del acto acusado."[60]

Es decir, le permite a la Corte Constitucional definir su competencia en cuanto a los Actos Legislativos y el Poder de Reforma del cuerpo reformador.

b) "...la verificación de si la reforma reemplaza un elemento definitorio identificador de la Constitución por otro integralmente diferente, será posible determinar si se ha incurrido o no en un vicio de competencia."[61]

Esta sentencia al igual que otras reitera los lineamientos doctrinales alcanzados por esta Línea Jurisprudencial, compendia de manera clara y específica el contenido y alcance del control de constitucionalidad de los actos legislativos y avanza sobre la definición del poder de reforma y el poder de sustitución.

En cuanto al poder de reforma y el poder de sustitución la Corte reitera, la clase de juicio de constitucionalidad cuando se enfrenta a cada uno de estos poderes, como los diferentes ámbitos de la competencia de la Corte Constitucional en el control de constitucionalidad.

3.9. SENTENCIA C-816 DE 2006.

Con ponencia de los Magistrados: el Dr. Jaime Córdoba Triviño y Rodrigo Uprimny Yepes, esta sentencia desarrolla diversos temas ya tratados por las

[60] Ibíd.
[61] Ibíd.

anteriores sentencias de la línea, de tal manera que enumeraremos los temas que aborda.

3.9.1 Precedente.

De acuerdo al estudio del precedente podemos identificar como Ratio Decidendi:

- ✓ Es la delimitación del poder de reforma de los órganos constituidos y especialmente del Congreso, "se infiere que la facultad de reformar la Constitución no es absoluta sino que tiene límites competenciales"[62]. Esta Ratio Decidendi: . a) Se fundamenta en la naturaleza constituida del poder legislativo, b) Que como poder constituido puede reformar más no sustituir.

La Ratio Decidendi se erige como premisa de la función pública, pues no es sólo un consolidado de la actuación del órgano legislativo sino también del administrativo y el judicial. La naturaleza concedida del poder a estos tres órganos lleva consigo el limite de su función y su sometimiento a un poder superior, al del poder constituyente. Esto es un recordatorio a estos tres funcionarios del deber ser, de su función y su obedecimiento al soberano.

a. Su estudio se hace exclusivamente sobre el procedimiento;

b. La Corte debe estudiar sí existe una reforma o una sustitución;

---

[62] UPRIMNY YEPES, Rodrigo y CÓRDOBA TRIVIÑO, Jaime. Sentencia C-816 de 2004

c. Sí es una reforma a la constitución, verificar que el procedimiento se haya sometido a los requisitos constitucionales y legales;

d. Sí es una sustitución su estudio debe dirigirse a las cláusulas que le dan identidad a la Constitución y su modificación generará una sustitución.

"... debe entenderse que le atribuye también el control de los presupuestos del procedimiento, por lo que esta Corporación tiene la facultad de verificar si el órgano que expidió la reforma tenía o no competencia para hacerlo."

Es tan importante la valoración que debe hacer el juez constitucional de su función y lo relevante de su discursiva, que no le debe sustraer del principio de eficiencia procesal y celeridad judicial, y por ello debe hacer un examen selecto y priorizar los argumento y tesis que sean conducentes para su producto final.

La Corte aduce la conveniencia de su método de la siguiente manera: "Por ello, en muchas situaciones, es prudente que los jueces se pronuncien únicamente sobre aquellos aspectos que sean necesarios para tomar la decisión del caso, sin entrar a analizar otros temas, sobre todo si se trata de asuntos polémicos en torno a los cuales sea difícil alcanzar un acuerdo. Este enfoque se justifica, en esos casos, por el principio de eficiencia procesal (CP art. 228), pues la labor de los jueces consiste en decidir numerosos asuntos, a veces de gran complejidad, en plazos razonables,"[63]

✓ El juez constitucional tiene una investidura democrática y como veedor de democracia en el ejercicio de su competencia debe vigilar el proceso democrático y político por excelencia, el de formación de la ley y para ello debe observar el cumplimiento incólume de la formación de la voluntad democrática y la participación con respeto de las minorías parlamentarias que son el fiel reflejo del electorado.

El control por vicios de procedimiento en las reformas constitucionales o en la creación de las leyes, una de sus funciones más importantes de la Corte Constitucional, tiene que ver con la trascendencia que tiene la Soberanía Popular que se ve reflejada en la formación del Quórum y que por medio de este se busca una representación pluralista de los electores, una decisión democrática y una deliberación pública y conocida.

✓ Lo que se gesta en el legislativo no es más que el reflejo pluralista de las decisiones electorales. Ello en teoría es el ejercicio indirecto del poder que hace la nación y como poder constituyente es merecedor del respeto institucional y político de sus representantes, que deben obrar de acuerdo al mandato popular, esta es la razón del control de constitucionalidad, por eso esta construcción socio-política,

[63] UPRIMNY YEPES, Rodrigo y CÓRDOBA TRIVIÑO, Jaime. Sentencia C-816 de 2004

es objeto de control sobre la instrumentalidad y que en palabras de esta sentencia:

"Es claro que sin caer en excesos ritualistas y tomando como guía el principio de instrumentalidad de las formas, una de las labores más importantes del juez constitucional es precisamente verificar la defensa de la regularidad y transparencia del proceso de aprobación de normas en el Congreso. Y es que el respeto a las formas y procedimientos de la deliberación y decisión legislativa no es un culto a unos rituales innecesarios, ya que dichas formas y procedimientos juegan un papel esencial en la democracia, por cuanto pretenden asegurar que exista una verdadera formación de una voluntad democrática detrás de cada decisión legislativa."[64]:

3.9.2 Comentario.

Esta sentencia perfecciona la doctrina del precedente de esta Línea jurisprudencial, identificando la importancia y trascendencia de la eficiencia procesal y la necesidad de revisar los cargos potencialmente más prósperos, los limites del legislativo como poder constituido y los limites del control de constitucionalidad de los actos legislativos en cuanto al procedimiento, sin olvidar los presupuestos procesales y de la función legislativa, la competencia y la interpretación armónica, integral y sistemática de la constitución.

---

[64] UPRIMNY YEPES, Rodrigo y CÓRDOBA TRIVIÑO, Jaime. Sentencia C-816 de 2004.

3.10 GRAFICAS

3.10.1 NICHO CITACIONAL:

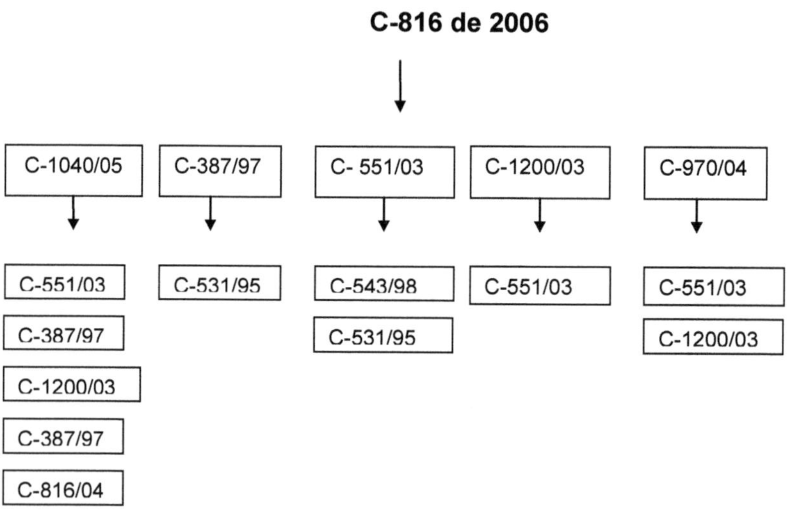

3.10.2 MAPA Y NARRATIVA:

	Problema Jurídico Competencia de la Corte Constitucional	
La Corte Constitucional es competente en el Control de Constitucionalidad de los Actos legislativos de hacer un estudio integral tanto de los cargos aducidos por el accionante como de los demás vicios posibles.	• C-531 de 1995 M.P. Alejandro Martínez • C-387 de 199 M.P. Fabio Morón Díaz • C-387 de 1997 M.P. Carlos Gaviria ↓ • C-487 de 2002 M.P. Álvaro Tafur G. C.-614 de 2002 M.P. Rodrigo Escobar • C-551 de 2003 M.P. Eduardo Montealgre Lynett. • C-1200 de 2003 M.P. Rodrigo Escobar	La Corte Constitucional tiene competencia para hacer control de constitucionalidad exclusivamente sobre los cargos aducidos por el accionante y aplicando tanto la norma constitucional como las demás normas que reglamenten la materia.

	• C-668 de 2004 M.P. Alfredo Beltrán • C-970 de 2004 M.P. Rodrigo Escobar • C-816 de 2004 M.P. Jaime Córdova M.P.Rodrigo Uprimmy	

3.10.3 CLASIFICACIÓN DE LAS SENTENCIAS.

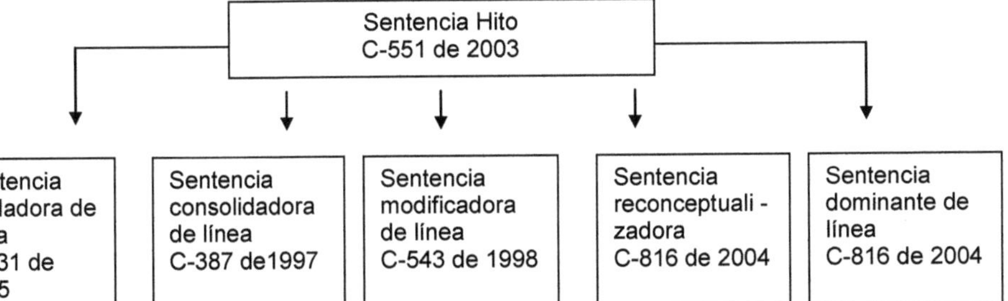

3.11. CONCLUSIONES.

Para esta primera conclusión se hace necesario observar que la competencia establece la facultad de un determinado cuerpo para que este obre de acuerdo a ella.

De igual manera se hace procedente reconocer la importancia jurídica y política del control de constitucionalidad sobre los Actos Legislativos, lo cual ha permitido determinar tanto la competencia del Legislativo como del Juez Constitucional.

En cuanto a los Actos Legislativos es ineludible reconocer su gran contenido político; primero: por ser un acto en el que se delibera y decide sobre cambios estatales; segundo: en este proceso decisorio los representantes defienden los intereses de sus electores; tercero: el legislativo esta en la obligación de operar de acuerdo a determinadas normas procedimentales que dan validez y legitimidad, tanto a los Actos Legislativos, como a las demás leyes.

La Corte Constitucional es el juez natural para dirimir las demandas que se interpongan contra los actos reformatorios de la Constitución, estos actos son los actos más políticos de la función legislativa, luego entonces el juez Constitucional se debe pronunciar acerca de un acto político, de acuerdo a la Constitución política que es un texto jurídico-político.

La Corte Constitucional como supremo guardián de la Constitución y del control de constitucionalidad de los Actos Legislativos debe verificar que se haya observado y obedecido el procedimiento exigido para tal acto.

De acuerdo con ello la Corte Constitucional entiende que dicha forma responde a un procedimiento democrático y más que una ritualidad es un instrumento democrático que afianza el mantenimiento del ordenamiento jurídico y vela por la debida representación del electorado como constituyente primario.

Se concluye entonces que el Juez Constitucional es un juez veedor y guardián de la democracia, con una función y poder superior a los demás jueces.

El Juez Constitucional por estar revestido democráticamente ejerce una función política que obedece a los principios de la actividad judicial.

El Juez Constitucional como cualquier otro juez esta ligado a los métodos jurídicos y a una norma jurídica que le permiten fallar en derecho.

De acuerdo a lo anterior se concluye que el Juez Constitucional en razón de su competencia, es decir a su deber ser, tiene una naturaleza híbrida, es un cuerpo jurídico-político.

CONCLUSIONES

En consideración a los tres capítulos anteriores y cumpliendo con el objetivo general de este trabajo de grado, nos disponemos a concluir a cerca de la naturaleza de la Corte Constitucional.

Como pudimos observar en el primer capitulo de esta monografía, el fin para el cual se creo la Corte Constitucional fue para que ejerciera el control de constitucionalidad; se decidió que fuese un cuerpo de carácter colegiado y que perteneciera a la Rama Jurisdiccional.

A pesar de pertenecer a la Rama Jurisdiccional y como se ha dicho en reiteradas ocasiones debe obedecer a un método de interpretación jurídica. Al juez constitucional lo reviste una vocación democrática. Esta vocación, en primera medida se debe a que los mismos constituyentes declararon su interés en cuanto a que el Juez Constitucional debía ser un Juez cercano a la realidad social, a la situación política y a las necesidades de actualización jurídica.

De igual forma y en concordancia a lo que los asambleístas observaron como una función pública y política, que concuerda con la posición de los tratadistas nacionales, el juez constitucional es un garante de la Constitución y por lo tanto del Estado Social de Derecho que en él se consagra.

Como garante de ese Estado Social de Derecho y defensor de los Derechos Fundamentales, al hacer el juicio de razonabilidad sobre los derechos constitucionales, el Juez Constitucional esta siendo participe de un proceso político por medio de instrumentos jurídicos.

Pero al ser un garante y un poder constituido, tiene limites y por lo tanto su competencia se reduce al igual que la de las demás Ramas del Poder Público, razón a determinados procedimientos o instrumentos, los cuales se erigen como Principio Político de las democracias modernas que permiten la conservación del Orden Jurídico.

Podemos decir que la Corte Constitucional esta ligada a un instrumento de carácter jurídico que le permite y faculta como garante del proceso constitucional. En este proceso de interpretación arroja juicios de valor obedeciendo a la regla constitucional; en dicho juicio de valor se convierte en un legislador negativo creador de derecho y como intérprete y creador de derecho, es un agente político.

El Juez Constitucional es un agente político y más aun cuando se considera que el derecho público es un derecho politizado y politizante, ajeno al sentido peyorativo de la política porque este agente político obedece a criterios jurídicos y procedimientos jurídicos.

Son precisamente esos procedimientos los que lo legitiman para ser el veedor democrático de los procesos legislativos, en los que los representantes de los electores deben acogerse a la voluntad política del constituyente primario y sobre estos procesos ejercer el control de constitucionalidad, para el que fue creado.

Ese ejercicio del control de constitucionalidad, lo realiza el juez constitucional como la actuación más política de los Estados contemporáneos, que es la de legislar y a su vez una de las actividades más políticas de la actividad legislativa como es la de reformar la Constitución, en las que la disciplina del método judicial de interpretación y decisión, son pilares fundamentales de la disciplina auto restricción, a las que el Juez Constitucional debe someterse.

En consideración al control frente a las actuaciones legislativas y a las facultades de la Corte Constitucional, se genera un enfrentamiento jurídico y político, propio de las Rama del Poder Público, pues para algunos la Corte Constitucional de acuerdo a sus facultades y su posición de supremo intérprete del Estatuto Fundamental, es un Poder Público.

Es así que podemos determinar la naturaleza de la Corte Constitucional, en primer término de acuerdo a los debates de la Asamblea Nacional Constituyente, a partir del cual se puede precisar que la naturaleza de la Corte Constitucional es una naturaleza híbrida, su función versa sobre una materia Política que es la Carta Política; propende por la defensa de derechos de naturaleza política y su actuación tiene eminentes consecuencias en este sentido. En cuanto a lo jurídico, esta tiene una función técnico-jurídica, que aplica el silogismo jurídico y se debe someter a los postulados y procedimientos jurisdiccionales.

Respecto al segundo objetivo, por medio del cual se buscó determinar la naturaleza de la Corte Constitucional de acuerdo a los tratadistas nacionales, la mayoría de la doctrina consultada en esta materia, encontró en la jurisdicción constitucional un soporte institucional de las democracias contemporáneas al igual, que funcionarios públicos con deberes políticos y algunos llegando a reconocerlos como miembros del legislativo; sus sentencias y especialmente las de constitucionalidad tienen un carácter vinculante, por ello son creadores de derecho; defienden valores políticos, las sentencias deciden en valores políticos. En cuanto a su esencia jurídica, es insoslayable. A pesar de parecer incisivos, el Juez Constitucional debe someterse a un método jurídico y a diferencia del legislador positivo no tiene facultad discrecional pues la Constitución Política, le señala su principio y fin, debe ser completamente autónomo, no debe tener en consideración al órgano elector y los cuerpos nominadores. Entonces y de acuerdo a lo expuesto en el segundo capitulo, podemos decir que la naturaleza de la Corte Constitucional tiene una naturaleza hibrida, el derecho constitucional "…es una juridificación o constitucionalización de la política,…"[65].

En lo referente al tercer capitulo, que desarrolla el tercer objetivo que busca a través del precedente sobre competencia de la Corte Constitucional, determinar la naturaleza jurídica de la Corte Constitucional; en este capitulo se pudo observar el proceso evolutivo del precedente en cuanto a esta materia y la aplicación de limites auto impuestos, conocidos como auto-restricción. De esta manera se evidencio la injerencia jurídica de la Corte Constitucional en procesos políticos de gran envergadura en los que se reconoce la Competencia como un presupuesto inexorable de la actuación jurisdiccional y legislativa, dicha injerencia se hace por medio del control de constitucionalidad de actos eminentemente políticos en los cuales el Juez Constitucional vela por el respeto y cumplimiento de las formas y la debida representación electoral, el amparo de estos principios lo hace un custodio de la democracia y como guardián judicial de la democracia.

En razón a los criterios jurisdiccionales, la Corte Constitucional se reconoce a la vez que identifica en el Congreso, como poderes constituidos sujetos a límites, la Corte Constitucional debe obedecer a métodos de interpretación jurídica y que debe fallar de acuerdo a normas jurídicas, como lo son la Ley Quinta o Reglamento del Congreso, la LEMP (Ley Estatutaria de Mecanismos de Participación) y las norma pertinentes al caso, obedeciendo a la jerarquía normativa, es decir fundados en la Carta Política. Es así y con relación al tercer capitulo, que se encuentra la naturaleza de la Corte

[65] Gaspar Caballero Sierra. Corte Constitucional y Legislador: Comentarios o Complementarios. Pág.57

Constitucional como una naturaleza híbrida es decir una naturaleza Jurídico-Política.

En el caso especial del control de constitucionalidad colombiano y por poseer acciones por medio de las cuales el ciudadano, hace parte del control de constitucionalidad tanto los asambleístas del 1991, los tratadistas nacionales y la Corte Constitucional, encontró que aumenta la responsabilidad democrática y que envuelve de rasgos políticos, el control de constitucionalidad colombiano y aunado a la Acción Publica de Inconstitucionalidad, se encuentra la Acción de Tutela que popularizo la Constitución y la hizo un elemento de defensa y actuación jurídica y política.

Para concluir y teniendo en cuenta lo argüido con antelación, se puede decir que la Corte Constitucional Colombia posee una naturaleza Jurídico-Política.

BIBLIOGRAFÍA

- BISCARETTI DI RUFFIA, Paolo. Introducción al derecho constitucional y comparado. Madrid: Tecnos 1996. 153-154 p.

- BALLEN MEJIA, Rafael. Constitución Política de Colombia. Antecedentes, Comentarios y Jurisprudencia. Bogotá: Gustavo Ibáñez Ediciones. 1995. 27-209 p.

- BERNAL CASTRO, Carlos Andrés. La Corte Constitucional dentro del Estado social de derecho colombiano, un órgano legitimador de derecho dentro de la sociedad. En: SANIN RESTREPO, Ricardo. Justicia Constitucional, El Rol de la Corte Constitucional en el estado contemporáneo. Bogotá: Pontificia Universidad Javeriana, 2006.p.245-252.

- CABALLERO MARTÍNEZ, Eduardo. Sentencia C-531 de 1995

- CABALLERO SIERRA, Gaspar. Corte Constitucional y Legislador: Comentarios o Complementarios. Bogotá Pág.57

- CARRILLO, Fernando Ponencia en la Asamblea Nacional Constituyente. Sesión Plenaria, Bogotá D.C., 4 de Junio de 1991.

- CASTRO, Jaime Ponencia en la Asamblea Nacional Constituyente de 1991. Sesión Plenaria, Bogotá 4 de Junio de 1991.

- CEPEDA, Manuel José. Introducción a la Constitución de 1991. Hacia un Nuevo Constitucionalismo. Bogotá: Presidencia de la República Consejería para el Desarrollo de la Constitución. 1993. 98.p

- ________________. La Carta de Derechos, su Interpretación y sus implicaciones. Bogotá. Temis y la Presidencia de la República, Consejería para el Desarrollo Constitucional. 1993.

- CHARRY, Juan Manuel. Justicia Constitucional Derecho Colombiano y Comparado. Bogotá: Banco de la República. 1999.103 p.

- CHAMPEIL-DESPLATS, Véronique. Los poderes del juez constitucional francés: ¿un juez que gobierna? En: Corte constitucional diez años balances y perspectivas. Bogotá: Universidad del Rosario, 2006. p.247-259

- CIFUENTES MUÑOZ, Eduardo Sentencia C-089-1994.

- DE LA CALLE LOMBANA, Humberto. Ponencia del Ministro de Gobierno en la Asamblea Nacional Constituyente. Sesión Plenaria, Bogota, 4 de Junio de 1991.

- ESCOBAR GIL, Rodrigo y CEPEDA ESPINO, Manuel José. Sentencia C-1200 de 2003.

- ESCOBAR GIL, Rodrigo Sentencia C-970 de 2004.

- ESGUERRA, Juan Carlos. Ponencia en la Asamblea Nacional Constituyente de 1991. Sesión Plenaria, Bogotá, 4 de Junio de 1991.

- GARCÉS LLOREDA María Teresa. Ponencia en la Asamblea Nacional Constituyente de 1991. Sesión Plenaria, Bogotá, 4 de Junio de 1991.

- GARCIA DE ENTERRIA, Eduardo. La Constitución como norma jurídica y el tribunal constitucional. Madrid: Civitas, 1994.174.p.

- GAVIRIA DÍAZ, Carlos. Sentencia C-543 de 1998.

- HERNADEZ, José Gregorio. Poder y Constitución, el actual constitucionalismo colombiano. Bogotá: Legis 2001.p.300-363.

- JÁCOME GONZÁLEZ, Jorge. ¿Para qué una Corte Constitucional en Colombia de 1968? En: SANIN RESTREPO, Ricardo. Justicia Constitucional, El Rol de la Corte Constitucional en el estado contemporáneo. Bogotá. Pontificia Universidad Javeriana, 2006. p.47-60

- LASALLE, Ferdinand. ¿Qué es una constitución? Ediciones Universales Bogotá. 2001

- LÓPEZ MEDINA, Diego Eduardo. El Derecho de los Jueces. Bogotá: Legis 2006.

- ______________________________. El constitucionalismo social: Genealogía Mundial y Desarrollo Local de los Derechos Sociales, Económicos y Culturales A partir de la Constitución Colombiana de 1991.En: Corte constitucional diez años balances y perspectivas. Ed. Universidad del Rosario. 2006

- LOWENSTEIN, Karl. Teoría de la Constitución. Barcelona: Ariel 1998. 23-39 p.

- MOLINA BETANCUR, Carlos Mario ¿Limitar o Fortalecer La Corte Constitucional? En: Corte Constitucional Balances y Perspectivas. Universidad del Rosario Bogotá 2002. p.316

- MONROY CABRA, Marco Gerardo. Necesidad e Importancia de los Tribunales Constitucionales en un Estado Social de Derecho. Foro I, Estado actual de la Justicia Colombiana, diagnóstico y soluciones. Universidad Externado de Colombia 2003. p.22

- MONTEALAGRE LYNETT, Eduardo. Sentencia C-551 de 2003

- MORA RESTREPO, Gabriel. La Dimensión axiológica del principio constitucional democrático. Bogotá. Universidad de la Sabana 1999. 279 -308 p.

- MORELLI RICO, SANDRA. La Corte Constitucional ¿Un legislador Complementario? , Instituto de Estudios Constitucionales Carlos Piedrahita. Bogotá. Universidad Externado de Colombia. 1997. 34 p.

- ________________________. La Corte Constitucional un Papel Institucional aun por definir. Bogotá. Ediciones Academia Colombiana de Jurisprudencia. 2001. 1 p.

- MORON DÍAZ, Fabio. Sentencia C-387 de 1997.

- NARANJO MESA, Vladimiro. Teoría Constitucional E Instituciones Jurídica. Bogotá. Temis 2000.

- OSUNA PATIÑO, Néstor Iván. La Importancia de la Corte Constitucional para la justicia colombiana. En: Foro I, Sobre el estado actual de la Justicia colombiana, diagnóstico y soluciones. Universidad Externado de Colombia 2003. p.49-57

- PATRON PÉREZ, Daniel Eduardo y ROJAS MARROQUIN, Abdón Mauricio. El segundo reparo antidemocrático de la justicia constitucional. En: SANIN RESTREPO, Ricardo. Justicia Constitucional, El Rol de la Corte Constitucional en el estado contemporáneo. Bogotá. Pontificia Universidad Javeriana, 2006. p.224-240.

- PIZARRO NEVADO, Rafael. Artículo El Juez Constitucional, ¿Un juez que gobierna? La Experiencia española. En: Corte constitucional diez años balances y perspectivas. Bogotá. Universidad del Rosario. 2006. p. 2561-275

- SÁCHICA, Luís Carlos. Constitucionalismo Colombiano. Bogotá. El Voto Nacional, 12ª Edición 1996.

- SANÍN RESTREPO, Ricardo. Liberta y Justicia Constitucional. Bogotá. Academia Colombiana de Jurisprudencia. 2004. 127 p.

- ____________________________. Stare decisis: variaciones sobre un tema inconcluso. En: SANIN RESTREPO, Ricardo. Justicia Constitucional, El Rol de la Corte Constitucional en el estado contemporáneo. Bogotá. Pontificia Universidad Javeriana, 2006. p.92-117

- TOBO RODRÍGUEZ, Javier. La Corte Constitucional y el Control de Constitucionalidad en Colombia. Bogotá. ed. Gustavo Ibáñez1996 146 p.

- URIBE RUEDA, Diego. Propuesta de Reformas a la Constitución Colombiana. Estructura Constitucional para el Cambio. Bogotá. Publicaciones Senado de la República. Segunda Edición 1981. 9 p.

- UPRIMNY YEPES, Rodrigo y CÓRDOBA TRIVIÑO, Jaime. Sentencia C-816 de 2004

- VELASCO, José María. Ponencia en la Asamblea Nacional Constituyente de 1991. Sesión Plenaria, Bogotá, 4 de Junio de 1991.

- VILA CASADO, Iván Los Límites de la Corte Constitucional. Hacia una Teoría de la Constitución como sistema de valores. Bogotá. Legis. 2005. 57 p.

Printed by Books on Demand GmbH, Norderstedt / Germany